THE ULTIMATE SUMMER CAMP JOURNAL FOR KIDS

A GUIDED DAILY SUMMER CAMP WRITING JOURNAL FOR KIDS AGED 8-12

LET'S MAKE IT THE BEST SUMMER CAMP EVER!

THIS SUMMER CAMP JOURNAL BELONGS TO:

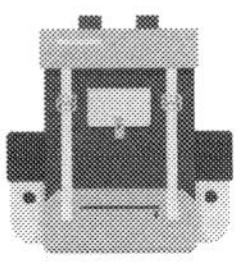

FOR THE SUMMER CAMP AT:

WHY I'M USING & KEEPING THIS BOOK?

MY CAMP BUCKET LIST:

- [ ] VISIT..
- [ ] MAKE FRIENDS WITH..
- [ ] BUY...
- [ ] ASK TO BE MY BOYFRIEND...
- [ ]
- [ ]
- [ ]
- [ ]
- [ ]
- [ ]
- [ ]
- [ ]
- [ ]
- [ ]
- [ ]
- [ ]
- [ ]
- [ ]
- [ ]
- [ ]

CAMP BUCKET LIST CONTINUED..

(THERE'S NO SUCH THING AS DREAMING TOO BIG..)

- [ ]
- [ ]
- [ ]
- [ ]
- [ ]
- [ ]
- [ ]
- [ ]
- [ ]
- [ ]
- [ ]
- [ ]
- [ ]
- [ ]
- [ ]
- [ ]
- [ ]
- [ ]
- [ ]
- [ ]

BOOKS I'M READING:

TALLY: ______________________________

BOOK TITLE: RATING /10:

MY FAVOURITE SONGS:

SONG TITLE & ARTIST:	RATING /10:

PACKING LIST

WRITE DOWN ALL THE IMPORTANT THINGS YOU NEED TO PACK FOR CAMP..

ITEM NAME:

PACKED?

PACKING LIST

CONTINUED..

ITEM NAME: PACKED?

RE-PACKING LIST

TICK THE BOX ON THE RIGHT ONCE YOU'VE PACKED EACH ITEM TO BRING HOME:

ITEM NAME:	RE-PACKED?

RE-PACKING LIST

CONTINUED..

ITEM NAME:	RE-PACKED?

MAP OF OUR CAMP:

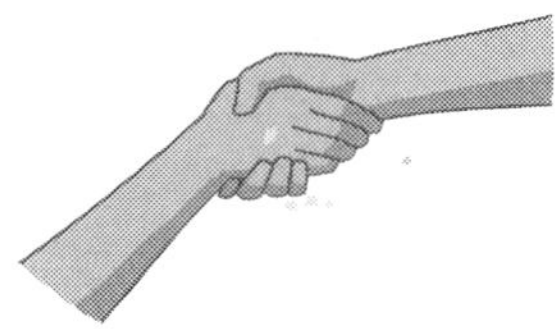

NEW CAMP FRIENDS!

NAME:

PHONE NUMBER:

EMAIL:

WHERE THEY LIVE:

NAME:

NUMBER:

EMAIL:

WHERE THEY LIVE:

NAME:

NUMBER:

EMAIL:

WHERE THEY LIVE:

NAME:

NUMBER:

EMAIL:

WHERE THEY LIVE:

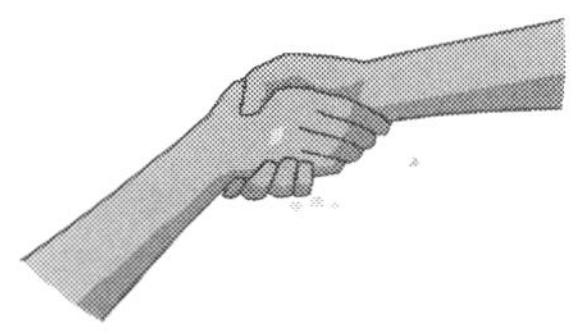

NEW CAMP FRIENDS!

NAME:

PHONE NUMBER:

EMAIL:

WHERE THEY LIVE:

NAME:

NUMBER:

EMAIL:

WHERE THEY LIVE:

NAME:

NUMBER:

EMAIL:

WHERE THEY LIVE:

NAME:

NUMBER:

EMAIL:

WHERE THEY LIVE:

NEW CAMP FRIENDS!

NAME:

PHONE NUMBER:

EMAIL:

WHERE THEY LIVE:

NAME:

NUMBER:

EMAIL:

WHERE THEY LIVE:

NAME:

NUMBER:

EMAIL:

WHERE THEY LIVE:

NAME:

NUMBER:

EMAIL:

WHERE THEY LIVE:

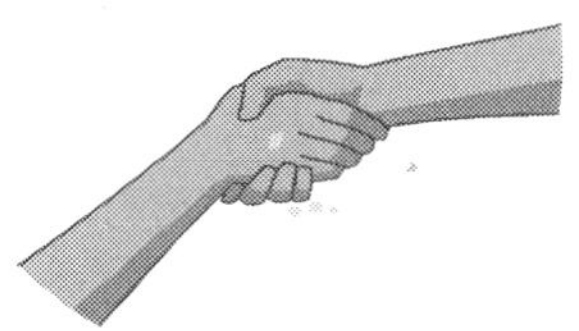

NEW CAMP FRIENDS!

NAME:

PHONE NUMBER:

EMAIL:

WHERE THEY LIVE:

NAME:

NUMBER:

EMAIL:

WHERE THEY LIVE:

NAME:

NUMBER:

EMAIL:

WHERE THEY LIVE:

NAME:

NUMBER:

EMAIL:

WHERE THEY LIVE:

MY DAILY JOURNAL:

DATE: ____________ WEATHER: ____________ LOCATION: ____________

TIME OF ENTRY: ____________ HOW I'M FEELING :) ____________

THINGS I DID TODAY:

I'M THANKFUL FOR:

BEST MEMORY OF THE DAY:

MY DAILY JOURNAL:

DATE: ____________ WEATHER: ____________ LOCATION: ____________

TIME OF ENTRY: ____________ HOW I'M FEELING :) ____________

THINGS I DID TODAY:

____

____

____

____

____

____

____

____

I'M THANKFUL FOR:

____

____

____

BEST MEMORY OF THE DAY:

____

____

____

____

MY DAILY JOURNAL:

DATE: ____________ WEATHER: ____________ LOCATION: ____________

TIME OF ENTRY: ____________ HOW I'M FEELING :) ____________

THINGS I DID TODAY:

____

____

____

____

____

____

____

____

I'M THANKFUL FOR:

____

____

____

BEST MEMORY OF THE DAY:

____

____

____

____

MY DAILY JOURNAL:

DATE: ____________ WEATHER: ____________ LOCATION: ____________

TIME OF ENTRY: ____________ HOW I'M FEELING :) ____________

THINGS I DID TODAY:

I'M THANKFUL FOR:

BEST MEMORY OF THE DAY:

MY DAILY JOURNAL:

DATE: ____________ WEATHER: ____________ LOCATION: ____________

TIME OF ENTRY: ____________ HOW I'M FEELING :) ____________

THINGS I DID TODAY:

I'M THANKFUL FOR:

BEST MEMORY OF THE DAY:

MY DAILY JOURNAL:

DATE: ________ WEATHER: ________ LOCATION: ________

TIME OF ENTRY: ________ HOW I'M FEELING :) ________

THINGS I DID TODAY:

____

____

____

____

____

____

____

____

I'M THANKFUL FOR:

____

____

____

BEST MEMORY OF THE DAY:

____

____

____

____

MY DAILY JOURNAL:

DATE: ______ WEATHER: ______ LOCATION: ______

TIME OF ENTRY: ______ HOW I'M FEELING :) ______

THINGS I DID TODAY:

____

____

____

____

____

____

____

____

I'M THANKFUL FOR:

____

____

____

BEST MEMORY OF THE DAY:

____

____

____

____

MY DAILY JOURNAL:

DATE: ________ WEATHER: ________ LOCATION: ________

TIME OF ENTRY: ________ HOW I'M FEELING :) ________

THINGS I DID TODAY:

____
____
____
____
____
____
____
____

I'M THANKFUL FOR:

____
____
____

BEST MEMORY OF THE DAY:

____
____
____
____

MY DAILY JOURNAL:

DATE: ______________ WEATHER: ______________ LOCATION: ______________

TIME OF ENTRY: ______________ HOW I'M FEELING :) ______________

THINGS I DID TODAY:

____

____

____

____

____

____

____

____

I'M THANKFUL FOR:

____

____

____

BEST MEMORY OF THE DAY:

____

____

____

____

MY DAILY JOURNAL:

DATE: ______ WEATHER: ______ LOCATION: ______

TIME OF ENTRY: ______ HOW I'M FEELING :) ______

THINGS I DID TODAY:

____
____
____
____
____
____
____
____

I'M THANKFUL FOR:

____
____
____

BEST MEMORY OF THE DAY:

____
____
____
____

MY DAILY JOURNAL:

DATE: ________ WEATHER: ________ LOCATION: ________

TIME OF ENTRY: ________ HOW I'M FEELING :) ________

THINGS I DID TODAY:

____
____
____
____
____
____
____
____

I'M THANKFUL FOR:

____
____
____

BEST MEMORY OF THE DAY:

____
____
____
____

MY DAILY JOURNAL:

DATE: ______________ WEATHER: ______________ LOCATION: ______________

TIME OF ENTRY: ______________ HOW I'M FEELING :) ______________

THINGS I DID TODAY:

____

____

____

____

____

____

____

____

I'M THANKFUL FOR:

____

____

____

BEST MEMORY OF THE DAY:

____

____

____

____

MY DAILY JOURNAL:

DATE: ______ WEATHER: ______ LOCATION: ______

TIME OF ENTRY: ______ HOW I'M FEELING :) ______

THINGS I DID TODAY:

____

____

____

____

____

____

____

____

I'M THANKFUL FOR:

____

____

____

BEST MEMORY OF THE DAY:

____

____

____

____

MY DAILY JOURNAL:

DATE: ______ WEATHER: ______ LOCATION: ______

TIME OF ENTRY: ______ HOW I'M FEELING :) ______

THINGS I DID TODAY:

I'M THANKFUL FOR:

BEST MEMORY OF THE DAY:

MY DAILY JOURNAL:

DATE: ______________ WEATHER: ______________ LOCATION: ______________

TIME OF ENTRY: ______________ HOW I'M FEELING :) ______________

THINGS I DID TODAY:

____

____

____

____

____

____

____

____

I'M THANKFUL FOR:

____

____

____

BEST MEMORY OF THE DAY:

____

____

____

____

MY DAILY JOURNAL:

DATE: ________ WEATHER: ________ LOCATION: ________

TIME OF ENTRY: ________ HOW I'M FEELING :) ________

THINGS I DID TODAY:

I'M THANKFUL FOR:

BEST MEMORY OF THE DAY:

MY DAILY JOURNAL:

DATE: ____________ WEATHER: ____________ LOCATION: ____________

TIME OF ENTRY: ____________ HOW I'M FEELING :) ____________

THINGS I DID TODAY:

____

____

____

____

____

____

____

____

I'M THANKFUL FOR:

____

____

____

BEST MEMORY OF THE DAY:

____

____

____

____

MY DAILY JOURNAL:

DATE: ________ WEATHER: ________ LOCATION: ________

TIME OF ENTRY: ________ HOW I'M FEELING :) ________

THINGS I DID TODAY:

____
____
____
____
____
____
____
____

I'M THANKFUL FOR:

____
____
____

BEST MEMORY OF THE DAY:

____
____
____
____

MY DAILY JOURNAL:

DATE: ____________ WEATHER: ____________ LOCATION: ____________

TIME OF ENTRY: ____________ HOW I'M FEELING :) ____________

THINGS I DID TODAY:

____

____

____

____

____

____

____

____

I'M THANKFUL FOR:

____

____

____

BEST MEMORY OF THE DAY:

____

____

____

____

MY DAILY JOURNAL:

DATE: ______ WEATHER: ______ LOCATION: ______

TIME OF ENTRY: ______ HOW I'M FEELING :) ______

THINGS I DID TODAY:

____

____

____

____

____

____

____

____

I'M THANKFUL FOR:

____

____

____

BEST MEMORY OF THE DAY:

____

____

____

____

MY DAILY JOURNAL:

DATE: ______ WEATHER: ______ LOCATION: ______

TIME OF ENTRY: ______ HOW I'M FEELING :) ______

THINGS I DID TODAY:

____
____
____
____
____
____
____
____

I'M THANKFUL FOR:

____
____
____

BEST MEMORY OF THE DAY:

____
____
____
____

MY DAILY JOURNAL:

DATE: ____________ WEATHER: ____________ LOCATION: ____________

TIME OF ENTRY: ____________ HOW I'M FEELING :) ____________

THINGS I DID TODAY:

____

____

____

____

____

____

____

____

I'M THANKFUL FOR:

____

____

____

BEST MEMORY OF THE DAY:

____

____

____

____

MY DAILY JOURNAL:

DATE: ____________ WEATHER: ____________ LOCATION: ____________

TIME OF ENTRY: ____________ HOW I'M FEELING :) ____________

THINGS I DID TODAY:

____

____

____

____

____

____

____

____

I'M THANKFUL FOR:

____

____

____

BEST MEMORY OF THE DAY:

____

____

____

____

MY DAILY JOURNAL:

DATE: ______________ WEATHER: ____________ LOCATION: ______________________

TIME OF ENTRY: ______________ HOW I'M FEELING :) ______________________________

THINGS I DID TODAY:

____

____

____

____

____

____

____

____

I'M THANKFUL FOR:

____

____

____

BEST MEMORY OF THE DAY:

____

____

____

____

MY DAILY JOURNAL:

DATE: ______ WEATHER: ______ LOCATION: ______

TIME OF ENTRY: ______ HOW I'M FEELING :) ______

THINGS I DID TODAY:

____
____
____
____
____
____
____
____

I'M THANKFUL FOR:

____
____
____

BEST MEMORY OF THE DAY:

____
____
____
____

MY DAILY JOURNAL:

DATE: ________ WEATHER: ________ LOCATION: ________

TIME OF ENTRY: ________ HOW I'M FEELING :) ________

THINGS I DID TODAY:

____
____
____
____
____
____
____
____

I'M THANKFUL FOR:

____
____
____

BEST MEMORY OF THE DAY:

____
____
____
____

MY DAILY JOURNAL:

DATE: ________ WEATHER: ________ LOCATION: ________

TIME OF ENTRY: ________ HOW I'M FEELING :) ________

THINGS I DID TODAY:

____
____
____
____
____
____
____
____

I'M THANKFUL FOR:

____
____
____

BEST MEMORY OF THE DAY:

____
____
____
____

MY DAILY JOURNAL:

DATE: ________ WEATHER: ________ LOCATION: ________

TIME OF ENTRY: ________ HOW I'M FEELING :) ________

THINGS I DID TODAY:

____

____

____

____

____

____

____

____

I'M THANKFUL FOR:

____

____

____

BEST MEMORY OF THE DAY:

____

____

____

____

MY DAILY JOURNAL:

DATE: ____________ WEATHER: ____________ LOCATION: ____________

TIME OF ENTRY: ____________ HOW I'M FEELING :) ____________

THINGS I DID TODAY:

____

____

____

____

____

____

____

____

I'M THANKFUL FOR:

____

____

____

BEST MEMORY OF THE DAY:

____

____

____

____

MY DAILY JOURNAL:

DATE: ________ WEATHER: ________ LOCATION: ________

TIME OF ENTRY: ________ HOW I'M FEELING :) ________

THINGS I DID TODAY:

I'M THANKFUL FOR:

BEST MEMORY OF THE DAY:

MY DAILY JOURNAL:

DATE: ____________ WEATHER: ____________ LOCATION: ____________

TIME OF ENTRY: ____________ HOW I'M FEELING :) ____________

THINGS I DID TODAY:

____

____

____

____

____

____

____

____

I'M THANKFUL FOR:

____

____

____

BEST MEMORY OF THE DAY:

____

____

____

____

MY DAILY JOURNAL:

DATE: ____________ WEATHER: ____________ LOCATION: ____________

TIME OF ENTRY: ____________ HOW I'M FEELING :) ____________

THINGS I DID TODAY:

____

____

____

____

____

____

____

____

I'M THANKFUL FOR:

____

____

____

BEST MEMORY OF THE DAY:

____

____

____

____

MY DAILY JOURNAL:

DATE: ________ WEATHER: ________ LOCATION: ________

TIME OF ENTRY: ________ HOW I'M FEELING :) ________

THINGS I DID TODAY:

I'M THANKFUL FOR:

BEST MEMORY OF THE DAY:

MY DAILY JOURNAL:

DATE: ____________ WEATHER: ____________ LOCATION: ____________

TIME OF ENTRY: ____________ HOW I'M FEELING :) ____________

THINGS I DID TODAY:

____

____

____

____

____

____

____

____

I'M THANKFUL FOR:

____

____

____

BEST MEMORY OF THE DAY:

____

____

____

____

MY DAILY JOURNAL:

DATE: ____________ WEATHER: ____________ LOCATION: ____________

TIME OF ENTRY: ____________ HOW I'M FEELING :) ____________

THINGS I DID TODAY:

I'M THANKFUL FOR:

BEST MEMORY OF THE DAY:

MY DAILY JOURNAL:

DATE: ________ WEATHER: ________ LOCATION: ________

TIME OF ENTRY: ________ HOW I'M FEELING :) ________

THINGS I DID TODAY:

I'M THANKFUL FOR:

BEST MEMORY OF THE DAY:

MY DAILY JOURNAL:

DATE: ________ WEATHER: ________ LOCATION: ________

TIME OF ENTRY: ________ HOW I'M FEELING :) ________

THINGS I DID TODAY:

I'M THANKFUL FOR:

BEST MEMORY OF THE DAY:

MY DAILY JOURNAL:

DATE: ______ WEATHER: ______ LOCATION: ______

TIME OF ENTRY: ______ HOW I'M FEELING :) ______

THINGS I DID TODAY:

____

____

____

____

____

____

____

____

I'M THANKFUL FOR:

____

____

____

BEST MEMORY OF THE DAY:

____

____

____

____

MY DAILY JOURNAL:

DATE: ____________ WEATHER: ____________ LOCATION: ____________

TIME OF ENTRY: ____________ HOW I'M FEELING :) ____________

THINGS I DID TODAY:

____

____

____

____

____

____

____

____

I'M THANKFUL FOR:

____

____

____

BEST MEMORY OF THE DAY:

____

____

____

____

MY DAILY JOURNAL:

DATE: ______ WEATHER: ______ LOCATION: ______

TIME OF ENTRY: ______ HOW I'M FEELING :) ______

THINGS I DID TODAY:

____

____

____

____

____

____

____

____

I'M THANKFUL FOR:

____

____

____

BEST MEMORY OF THE DAY:

____

____

____

____

MY DAILY JOURNAL:

DATE: ________ WEATHER: ________ LOCATION: ________

TIME OF ENTRY: ________ HOW I'M FEELING :) ________

THINGS I DID TODAY:

____

____

____

____

____

____

____

____

I'M THANKFUL FOR:

____

____

____

BEST MEMORY OF THE DAY:

____

____

____

____

MY DAILY JOURNAL:

DATE: ________ WEATHER: ________ LOCATION: ________

TIME OF ENTRY: ________ HOW I'M FEELING :) ________

THINGS I DID TODAY:

I'M THANKFUL FOR:

BEST MEMORY OF THE DAY:

MY DAILY JOURNAL:

DATE: ______ WEATHER: ______ LOCATION: ______

TIME OF ENTRY: ______ HOW I'M FEELING :) ______

THINGS I DID TODAY:

____

____

____

____

____

____

____

____

I'M THANKFUL FOR:

____

____

____

BEST MEMORY OF THE DAY:

____

____

____

____

MY DAILY JOURNAL:

DATE: ______ WEATHER: ______ LOCATION: ______

TIME OF ENTRY: ______ HOW I'M FEELING :) ______

THINGS I DID TODAY:

____

____

____

____

____

____

____

____

I'M THANKFUL FOR:

____

____

____

BEST MEMORY OF THE DAY:

____

____

____

____

MY DAILY JOURNAL:

DATE: ______ WEATHER: ______ LOCATION: ______

TIME OF ENTRY: ______ HOW I'M FEELING :) ______

THINGS I DID TODAY:

____
____
____
____
____
____
____
____

I'M THANKFUL FOR:

____
____
____

BEST MEMORY OF THE DAY:

____
____
____
____

MY DAILY JOURNAL:

DATE: ______ WEATHER: ______ LOCATION: ______

TIME OF ENTRY: ______ HOW I'M FEELING :) ______

THINGS I DID TODAY:

I'M THANKFUL FOR:

BEST MEMORY OF THE DAY:

MY DAILY JOURNAL:

DATE: ______ WEATHER: ______ LOCATION: ______

TIME OF ENTRY: ______ HOW I'M FEELING :) ______

THINGS I DID TODAY:

____

____

____

____

____

____

____

____

I'M THANKFUL FOR:

____

____

____

BEST MEMORY OF THE DAY:

____

____

____

____

MY DAILY JOURNAL:

DATE: ____________ WEATHER: ____________ LOCATION: ____________

TIME OF ENTRY: ____________ HOW I'M FEELING :) ____________

THINGS I DID TODAY:

I'M THANKFUL FOR:

BEST MEMORY OF THE DAY:

MY DAILY JOURNAL:

DATE: ______________ WEATHER: ______________ LOCATION: ______________

TIME OF ENTRY: ______________ HOW I'M FEELING :) ______________

THINGS I DID TODAY:

____

____

____

____

____

____

____

____

I'M THANKFUL FOR:

____

____

____

BEST MEMORY OF THE DAY:

____

____

____

____

MY DAILY JOURNAL:

DATE: ______ WEATHER: ______ LOCATION: ______

TIME OF ENTRY: ______ HOW I'M FEELING :) ______

THINGS I DID TODAY:

____

____

____

____

____

____

____

____

I'M THANKFUL FOR:

____

____

____

BEST MEMORY OF THE DAY:

____

____

____

____

MY DAILY JOURNAL:

DATE: ____________ WEATHER: ____________ LOCATION: ____________

TIME OF ENTRY: ____________ HOW I'M FEELING :) ____________

THINGS I DID TODAY:

____

____

____

____

____

____

____

____

I'M THANKFUL FOR:

____

____

____

BEST MEMORY OF THE DAY:

____

____

____

____

MY DAILY JOURNAL:

DATE: ________ WEATHER: ________ LOCATION: ________

TIME OF ENTRY: ________ HOW I'M FEELING :) ________

THINGS I DID TODAY:

I'M THANKFUL FOR:

BEST MEMORY OF THE DAY:

MY DAILY JOURNAL:

DATE: ____________ WEATHER: ____________ LOCATION: ____________

TIME OF ENTRY: ____________ HOW I'M FEELING :) ____________

THINGS I DID TODAY:

____

____

____

____

____

____

____

____

I'M THANKFUL FOR:

____

____

____

BEST MEMORY OF THE DAY:

____

____

____

____

MY DAILY JOURNAL:

DATE: ______________ WEATHER: ______________ LOCATION: ______________________

TIME OF ENTRY: ______________ HOW I'M FEELING :) ______________________________

THINGS I DID TODAY:

____

____

____

____

____

____

____

____

I'M THANKFUL FOR:

____

____

____

BEST MEMORY OF THE DAY:

____

____

____

____

MY DAILY JOURNAL:

DATE: ____________ WEATHER: ____________ LOCATION: ____________

TIME OF ENTRY: ____________ HOW I'M FEELING :) ____________

THINGS I DID TODAY:

____

____

____

____

____

____

____

____

I'M THANKFUL FOR:

____

____

____

BEST MEMORY OF THE DAY:

____

____

____

____

MY DAILY JOURNAL:

DATE: ____________ WEATHER: ____________ LOCATION: ____________

TIME OF ENTRY: ____________ HOW I'M FEELING :) ____________

THINGS I DID TODAY:

I'M THANKFUL FOR:

BEST MEMORY OF THE DAY:

MY DAILY JOURNAL:

DATE: ______ WEATHER: ______ LOCATION: ______

TIME OF ENTRY: ______ HOW I'M FEELING :) ______

THINGS I DID TODAY:

____
____
____
____
____
____
____
____

I'M THANKFUL FOR:

____
____
____

BEST MEMORY OF THE DAY:

____
____
____
____

MY DAILY JOURNAL:

DATE: ______________ WEATHER: ______________ LOCATION: ______________

TIME OF ENTRY: ______________ HOW I'M FEELING :) ______________

THINGS I DID TODAY:

I'M THANKFUL FOR:

BEST MEMORY OF THE DAY:

MY DAILY JOURNAL:

DATE: ______ WEATHER: ______ LOCATION: ______

TIME OF ENTRY: ______ HOW I'M FEELING :) ______

THINGS I DID TODAY:

______
______
______
______
______
______
______
______

I'M THANKFUL FOR:

______
______
______

BEST MEMORY OF THE DAY:

______
______
______
______

MY DAILY JOURNAL:

DATE: ________ WEATHER: ________ LOCATION: ________

TIME OF ENTRY: ________ HOW I'M FEELING :) ________

THINGS I DID TODAY:

I'M THANKFUL FOR:

BEST MEMORY OF THE DAY:

MY DAILY JOURNAL:

DATE: ______ WEATHER: ______ LOCATION: ______

TIME OF ENTRY: ______ HOW I'M FEELING :) ______

THINGS I DID TODAY:

____

____

____

____

____

____

____

____

I'M THANKFUL FOR:

____

____

____

BEST MEMORY OF THE DAY:

____

____

____

____

MY DAILY JOURNAL:

DATE: ________ WEATHER: ________ LOCATION: ________

TIME OF ENTRY: ________ HOW I'M FEELING :) ________

THINGS I DID TODAY:

____
____
____
____
____
____
____
____

I'M THANKFUL FOR:

____
____
____

BEST MEMORY OF THE DAY:

____
____
____
____

MY DAILY JOURNAL:

DATE: ______ WEATHER: ______ LOCATION: ______

TIME OF ENTRY: ______ HOW I'M FEELING :) ______

THINGS I DID TODAY:

____
____
____
____
____
____
____
____

I'M THANKFUL FOR:

____
____
____

BEST MEMORY OF THE DAY:

____
____
____
____

MY DAILY JOURNAL:

DATE: __________ WEATHER: __________ LOCATION: __________

TIME OF ENTRY: __________ HOW I'M FEELING :) __________

THINGS I DID TODAY:

I'M THANKFUL FOR:

BEST MEMORY OF THE DAY:

MY DAILY JOURNAL:

DATE: ______ WEATHER: ______ LOCATION: ______

TIME OF ENTRY: ______ HOW I'M FEELING :) ______

THINGS I DID TODAY:

____

____

____

____

____

____

____

____

I'M THANKFUL FOR:

____

____

____

BEST MEMORY OF THE DAY:

____

____

____

____

MY DAILY JOURNAL:

DATE: ______________ WEATHER: ______________ LOCATION: ______________

TIME OF ENTRY: ______________ HOW I'M FEELING :) ______________

THINGS I DID TODAY:

____

____

____

____

____

____

____

____

I'M THANKFUL FOR:

____

____

____

BEST MEMORY OF THE DAY:

____

____

____

____

MY DAILY JOURNAL:

DATE: ______ WEATHER: ______ LOCATION: ______

TIME OF ENTRY: ______ HOW I'M FEELING :) ______

THINGS I DID TODAY:

______

______

______

______

______

______

______

______

I'M THANKFUL FOR:

______

______

______

BEST MEMORY OF THE DAY:

______

______

______

______

MY DAILY JOURNAL:

DATE: ____________ WEATHER: ____________ LOCATION: ____________

TIME OF ENTRY: ____________ HOW I'M FEELING :) ____________

THINGS I DID TODAY:

____

____

____

____

____

____

____

____

I'M THANKFUL FOR:

____

____

____

BEST MEMORY OF THE DAY:

____

____

____

____

MY DAILY JOURNAL:

DATE: ______ WEATHER: ______ LOCATION: ______

TIME OF ENTRY: ______ HOW I'M FEELING :) ______

THINGS I DID TODAY:

I'M THANKFUL FOR:

BEST MEMORY OF THE DAY:

MY DAILY JOURNAL:

DATE: ______ WEATHER: ______ LOCATION: ______

TIME OF ENTRY: ______ HOW I'M FEELING :) ______

THINGS I DID TODAY:

____

____

____

____

____

____

____

____

I'M THANKFUL FOR:

____

____

____

BEST MEMORY OF THE DAY:

____

____

____

____

MY DAILY JOURNAL:

DATE: ______ WEATHER: ______ LOCATION: ______

TIME OF ENTRY: ______ HOW I'M FEELING :) ______

THINGS I DID TODAY:

____

____

____

____

____

____

____

____

I'M THANKFUL FOR:

____

____

____

BEST MEMORY OF THE DAY:

____

____

____

____

MY DAILY JOURNAL:

DATE: ________ WEATHER: ________ LOCATION: ________

TIME OF ENTRY: ________ HOW I'M FEELING :) ________

THINGS I DID TODAY:

____

____

____

____

____

____

____

____

I'M THANKFUL FOR:

____

____

____

BEST MEMORY OF THE DAY:

____

____

____

____

MY DAILY JOURNAL:

DATE: ________ WEATHER: ________ LOCATION: ________

TIME OF ENTRY: ________ HOW I'M FEELING :) ________

THINGS I DID TODAY:

____
____
____
____
____
____
____
____

I'M THANKFUL FOR:

____
____
____

BEST MEMORY OF THE DAY:

____
____
____
____

MY DAILY JOURNAL:

DATE: ______________ WEATHER: ______________ LOCATION: ______________

TIME OF ENTRY: ______________ HOW I'M FEELING :) ______________

THINGS I DID TODAY:

I'M THANKFUL FOR:

BEST MEMORY OF THE DAY:

MY DAILY JOURNAL:

DATE: ____________ WEATHER: ____________ LOCATION: ____________

TIME OF ENTRY: ____________ HOW I'M FEELING :) ____________

THINGS I DID TODAY:

I'M THANKFUL FOR:

BEST MEMORY OF THE DAY:

MY DAILY JOURNAL:

DATE: ____________ WEATHER: ____________ LOCATION: ____________

TIME OF ENTRY: ____________ HOW I'M FEELING :) ____________

THINGS I DID TODAY:

____

____

____

____

____

____

____

____

I'M THANKFUL FOR:

____

____

____

BEST MEMORY OF THE DAY:

____

____

____

____

MY DAILY JOURNAL:

DATE: ______ WEATHER: ______ LOCATION: ______

TIME OF ENTRY: ______ HOW I'M FEELING :) ______

THINGS I DID TODAY:

____
____
____
____
____
____
____
____

I'M THANKFUL FOR:

____
____
____

BEST MEMORY OF THE DAY:

____
____
____
____

MY DAILY JOURNAL:

DATE: ______ WEATHER: ______ LOCATION: ______

TIME OF ENTRY: ______ HOW I'M FEELING :) ______

THINGS I DID TODAY:

____
____
____
____
____
____
____
____

I'M THANKFUL FOR:

____
____
____

BEST MEMORY OF THE DAY:

____
____
____
____

MY DAILY JOURNAL:

DATE: ____________ WEATHER: ____________ LOCATION: ____________

TIME OF ENTRY: ____________ HOW I'M FEELING :) ____________

THINGS I DID TODAY:

____

____

____

____

____

____

____

____

I'M THANKFUL FOR:

____

____

____

BEST MEMORY OF THE DAY:

____

____

____

____

MY DAILY JOURNAL:

DATE: ____________ WEATHER: ____________ LOCATION: ____________

TIME OF ENTRY: ____________ HOW I'M FEELING :) ____________

THINGS I DID TODAY:

I'M THANKFUL FOR:

BEST MEMORY OF THE DAY:

MY DAILY JOURNAL:

DATE: ______ WEATHER: ______ LOCATION: ______

TIME OF ENTRY: ______ HOW I'M FEELING :) ______

THINGS I DID TODAY:

____

____

____

____

____

____

____

____

I'M THANKFUL FOR:

____

____

____

BEST MEMORY OF THE DAY:

____

____

____

____

MY DAILY JOURNAL:

DATE: ____________ WEATHER: ____________ LOCATION: ____________

TIME OF ENTRY: ____________ HOW I'M FEELING :) ____________

THINGS I DID TODAY:

____

____

____

____

____

____

____

____

I'M THANKFUL FOR:

____

____

____

BEST MEMORY OF THE DAY:

____

____

____

____

MY DAILY JOURNAL:

DATE: ______ WEATHER: ______ LOCATION: ______

TIME OF ENTRY: ______ HOW I'M FEELING :) ______

THINGS I DID TODAY:

____
____
____
____
____
____
____
____

I'M THANKFUL FOR:

____
____
____

BEST MEMORY OF THE DAY:

____
____
____
____

MY DAILY JOURNAL:

DATE: ____________ WEATHER: ____________ LOCATION: ____________

TIME OF ENTRY: ____________ HOW I'M FEELING :) ____________

THINGS I DID TODAY:

I'M THANKFUL FOR:

BEST MEMORY OF THE DAY:

MY DAILY JOURNAL:

DATE: ____________ WEATHER: ____________ LOCATION: ____________

TIME OF ENTRY: ____________ HOW I'M FEELING :) ____________

THINGS I DID TODAY:

I'M THANKFUL FOR:

BEST MEMORY OF THE DAY:

MY DAILY JOURNAL:

DATE: ______ WEATHER: ______ LOCATION: ______

TIME OF ENTRY: ______ HOW I'M FEELING :) ______

THINGS I DID TODAY:

I'M THANKFUL FOR:

BEST MEMORY OF THE DAY:

MY DAILY JOURNAL:

DATE: ______ WEATHER: ______ LOCATION: ______

TIME OF ENTRY: ______ HOW I'M FEELING :) ______

THINGS I DID TODAY:

____
____
____
____
____
____
____
____

I'M THANKFUL FOR:

____
____
____

BEST MEMORY OF THE DAY:

____
____
____
____

MY DAILY JOURNAL:

DATE: ____________ WEATHER: ____________ LOCATION: ____________

TIME OF ENTRY: ____________ HOW I'M FEELING :) ____________

THINGS I DID TODAY:

I'M THANKFUL FOR:

BEST MEMORY OF THE DAY:

MY DAILY JOURNAL:

DATE: ____________ WEATHER: ____________ LOCATION: ____________

TIME OF ENTRY: ____________ HOW I'M FEELING :) ____________

THINGS I DID TODAY:

____

____

____

____

____

____

____

____

I'M THANKFUL FOR:

____

____

____

BEST MEMORY OF THE DAY:

____

____

____

____

MY DAILY JOURNAL:

DATE: ________ WEATHER: ________ LOCATION: ________

TIME OF ENTRY: ________ HOW I'M FEELING :) ________

THINGS I DID TODAY:

____
____
____
____
____
____
____
____

I'M THANKFUL FOR:

____
____
____

BEST MEMORY OF THE DAY:

____
____
____
____

MY DAILY JOURNAL:

DATE: ______ WEATHER: ______ LOCATION: ______

TIME OF ENTRY: ______ HOW I'M FEELING :) ______

THINGS I DID TODAY:

I'M THANKFUL FOR:

BEST MEMORY OF THE DAY:

MY DAILY JOURNAL:

DATE: ______ WEATHER: ______ LOCATION: ______

TIME OF ENTRY: ______ HOW I'M FEELING :) ______

THINGS I DID TODAY:

____
____
____
____
____
____
____
____

I'M THANKFUL FOR:

____
____
____

BEST MEMORY OF THE DAY:

____
____
____
____

MY DAILY JOURNAL:

DATE: ________ WEATHER: ________ LOCATION: ________

TIME OF ENTRY: ________ HOW I'M FEELING :) ________

THINGS I DID TODAY:

____
____
____
____
____
____
____
____

I'M THANKFUL FOR:

____
____
____

BEST MEMORY OF THE DAY:

____
____
____
____

LESSONS I LEARNED THIS CAMP:

HERE, WRITE ANYTHING YOU LEARNED THAT IS IMPORTANT TO REMEMBER - IT CAN BE ABOUT LIFE, SCHOOL, FRIENDS, FAMILY, BOYS, ANYTHING!

LESSONS I LEARNED THIS CAMP:

HERE, WRITE ANYTHING YOU LEARNED THAT IS IMPORTANT TO REMEMBER - IT CAN BE ABOUT LIFE, SCHOOL, FRIENDS, FAMILY, BOYS, ANYTHING!

MY GOALS FOR NEXT CAMP:

IF THERE WAS ANYTHING YOU DIDN'T GET ROUND TO DOING, OR ANYWHERE YOU DIDN'T GO THIS CAMP - WRITE THEM DOWN HERE SO THAT YOU MAKE SURE THEY GET DONE NEXT CAMP!

DRAWING PAGE:

DRAWING PAGE:

DRAWING PAGE:

DRAWING PAGE:

DRAWING PAGE:

DRAWING PAGE:

DRAWING PAGE:

NOTES:

NOTES:

Made in the USA
Columbia, SC
27 July 2022

64092561R00067